BEI GRIN MACHT SICH IHR
WISSEN BEZAHLT

Triggern in MySQL. Definition, Erstellung und Anwendungsmöglichkeiten

Bibliografische Information der Deutschen Nationalbibliothek:

Die Deutsche Nationalbibliothek verzeichnet diese Publikation in der Deutschen Nationalbibliografie; detaillierte bibliografische Daten sind im Internet über http://dnb.d-nb.de abrufbar.

ISBN: 9783346360984
Dieses Buch ist auch als E-Book erhältlich.

© GRIN Publishing GmbH
Nymphenburger Straße 86
80636 München

Druck und Bindung: Books on Demand GmbH, Norderstedt Germany
Gedruckt auf säurefreiem Papier aus verantwortungsvollen Quellen

Das vorliegende Werk wurde sorgfältig erarbeitet. Dennoch übernehmen Autoren und Verlag für die Richtigkeit von Angaben, Hinweisen, Links und Ratschlägen sowie eventuelle Druckfehler keine Haftung.

Das Buch bei GRIN: https://www.grin.com/document/992842

Hausarbeit

im Studiengang Wirtschaftsinformatik

über das Thema

Aufbau, Funktion und Definition von Triggern in MYSQL

Fach: Datenbankmanagement

Datum: 10.01.2016

Inhaltsverzeichnis

Abbildungsverzeichnis

Tabellenverzeichnis

Vorwort

Der Aufbau, die Definition und Funktion von Triggern in MySQL werden in diesem Dokument beschrieben.

Im Zusammenhang mit dieser Arbeit, werden folgende typografische Konventionen verwendet, um bestimmte Textelemente zu veranschaulichen:

➥Glossar[2]   Wörter die auf einen Pfeil folgen sind im Glossar definiert.

Siehe   Hinweis in der Fußzeile verweisen auf eine ergänzende Informationsquelle, die sich im Anhang befindet.

Die Dokumentation beschreibt die schriftliche Ausarbeitung zum Thema „Aufbau, Definition und Funktion von Triggern in ➥MySQL". Sie ist Bestandteil des Faches Datenbankmanagement im Studiengang Wirtschaftsinformatik. In den nachfolgenden Kapiteln werden mehrere theoretische Überlegungen und die praktische Umsetzung zum oben genannten Thema veranschaulicht.

---

[1] Siehe Anhang - Eidesstattliche Erklärung
[2] Siehe Anhang - Glossar

1. Einleitung

Um einen einfachen Einstieg in dieses Thema zu gewährleistet wird zu nächst, das Umfeld von Triggern in MySQL dargestellt. Dazu wird Bezug auf gespeicherte Programme in diesem Kapitel genommen.

1.1. Gespeicherte Programme

Die sogenannten gespeicherten Programme, werden mit einer Datenbank verknüpft und werden dort sowohl gespeichert als auch ausgeführt. Diese Programme haben die Aufgabe die ⮑Usability, Leistung und auch die Sicherheit im Umgang mit ⮑Datenbanken zu erhöhen. Trigger gehören zur Familie der gespeicherten Programme. Zusätzlich werden in MySQL drei weitere Varianten von gespeicherten Programmen angeboten. Dazu zählen gespeicherte Funktionen, gespeicherte Prozeduren und Events.[3]

1.2. Aufgabe und Aufruf von gespeicherten Programmen

Alle diese Varianten von gespeicherten Programmen werden unterschiedlich genutzt. Die nachfolgende Tabelle soll zum Einstieg einen kurzen Überblick über die Aufgabe und den Aufruf der einzelnen Programme geben.

	Trigger	Gespeicherte Funktion	Gespeicherte Prozedur	Event
Aufruf	Wird **automatisch** ausgelöst, wenn eine Operation auf einer Tabelle erfolgt.	Wird **manuell** aus einer SELECT-Anweisung heraus aufgerufen.	Wird **manuell** vom Nutzer oder aus einer Anwendung heraus aufgerufen.	Wird **automatisch** in bestimmten Zeitabständen oder Zeitpunkten ausgelöst
Aufgabe	Operationen, vor oder nach dem Modifizieren von Daten in Tabellen.	Verknüpft und Kombiniert mehrere Befehle in MySQL.	Gleiche Aufgabe wie gespeicherte Funktionen.	Erfüllt automatisch wiederkehrende Aufgaben.

Tabelle 1 - Aufgaben und Aufruf von gespeicherten Programmen[4]

---

[3] Vgl. Wolfgang. Gassler, Stefan Pröll, Eva Zangerle: MySQL Das Handbuch für Administratoren, Auflage vom: 28.08.2011, S. 513
[4] Vgl. Wolfgang. Gassler, Stefan Pröll, Eva Zangerle: MySQL Das Handbuch für Administratoren, Auflage vom: 28.08.2011, S. 516

2. Grundlagen vom Trigger

Dieser Abschnitt beschreibt die grundlegenden Elemente dieser Hausarbeit. Hier wird Bezug auf die Theorie von Triggern genommen. Damit sollen die Vorteile und Schwächen von Triggern verdeutlicht werden. Dazu wird der Begriff Trigger definiert und die dadurch abgeleiteten Funktionen und Leistungen erläutert.

2.1. Definition von Triggern in MySQL

Ein Trigger ist ein Datenbankobjekt in MySQL, das mit einer Tabelle oder einer Datenbank verbunden ist. Wenn ein bestimmtes Ereignis auf der jeweiligen Tabelle oder Datenbank eintritt, wird dieses Objekt aktiviert und dadurch findet eine Abfolge von Aktionen statt. Trigger sind Werkzeuge die der Wahrung der Datenkonsistenz und zum Modifizieren von Referenzdaten eingesetzt werden können. Ein Trigger wird entweder nach oder vor der Änderung an der referenzierten Tabelle aktiviert. Zusätzlich muss festgelegt werden, ob ein Trigger je geändertem Datensatz oder je Anweisungsaufruf ausgelöst wird. Trigger haben die Möglichkeit selber Datensätze einzufügen, zu ändern oder zu löschen. Auch können sie durch ihre Aktivierung andere Trigger auslösen. Seit der MySQL Version 5.0 sind Trigger verfügbar.[5]

2.2. Funktion von Triggern in MySQL

Trigger haben in der Praxis die verschiedensten Aufgaben. Oft werden sie dazu genutzt um die ➲Konsistenz einer Datenbank sicher zu stellen. Wird z.B. ein Kunde gelöscht, können durch Trigger automatisch auch Datensätze in allen anderen Tabellen gelöscht werden, die zum jeweiligen Benutzer gehören. Es ist üblich das Entwickler an den meisten Stellen in der Datenbank daran denken, die Abhängigkeit von Datensätzen zu löschen, es aber irgendwo vergessen. Dieses Problem kann häufig bei großen Datenbanken auftreten. Durch ungültige Datensätze geht somit die Integrität der Daten im System verloren. Um dieses Problem zu entgehen haben Trigger einen entscheidenden Vorteil. Sie sind direkt an die Datenbank angebunden und werden immer ausgelöst. Dabei spielt es keine Rolle ob der Befehl über eine Applikation oder die Konsole eingegeben wird. Durch Trigger werden also die Integrität der Daten sichergestellt.

---

[5] Oracle, MySQL 5.7 Reference Manual, URL: http://dev.mysql.com/doc/refman/5.7/en/triggers.html (09.01.2016)

2.3. Trigger und Performance

Durch die Nutzung von Triggern wird die Leistung von SQL-Abfragen stark beeinflusst, da Trigger bei jedem UDPATE, INSERT oder DELETE ausgeführt werden. Somit kann die Leistung eines Systems stark durch komplexe und umfangreiche Trigger eingeschränkt werden. Bei Tabellen die häufig geändert werden, sollte dieser Faktor nicht außer Acht genommen werden. Ein Trigger könnte beispielsweise nach einem UPDATE in einer bestimmten Tabelle fünf SQL-Befehle ausführen. Würden dann z.b. 20.000 Datensätze mit dem UPDATE-Befehl geändert werden, würden durch den Trigger 100.000 Operationen durchgeführt. Zusätzlich kann durch mehrere und komplexe Trigger in einer Datenbank schnell der Überblick verloren werden. Da Trigger die Datensätze automatisch hinzufügen, ändert oder löscht ist es schwierig die vorhandenen Daten nachzuvollziehen.[6]

2.4. Metadaten der Trigger: SHOW TRIGGERS

In MySQL gibt es zwei verschiedene Möglichkeiten um auf Informationen von bestehenden Triggern in Datenbanken zuzugreifen. Die erste Option ist der Befehl SHOW TRIGGERS. Nach der Ausführung dieses Befehls, werden alle vorhandenen Trigger aufgelistet. Für jeden Trigger werden dadurch folgende Informationen angezeigt:

- **Trigger**: Name des Triggers
- **Event**: Art der Operation, durch die der Trigger ausgelöst wird (INSERT, UPDATE oder DELETE)
- **Table**: Tabelle, mit der der Trigger verknüpft ist
- **Statement**: Anweisungen zum Erzeugen des Triggers
- **Timing**: Zeitpunkt zur Ausführung des Triggers (BEFORE oder AFTER)
- **Created**: Beinhaltet immer den Wert NULL
- **sql_mode**: SQL-Syntax die vom Server unterstützt wird
- **Definer**: Angabe zum Entwickler des Triggers
- **character_set_client**: Zeichensatz des Triggers (Beispiel: utf8)
- **collation_connection**: Reihenfolge der Sortierung der Connection
- **Database Collation**: Reihenfolge der Sortierung der Datenbank

---

[6] Vgl. Wolfgang. Gassler, Stefan Pröll, Eva Zangerle: MySQL Das Handbuch für Administratoren, Auflage vom: 28.08.2011, S. 603

2.5. Metadaten der Trigger: Tabelle TRIGGERS

Die zweite Option ist die Tabelle TRIGGERS aus der Datenbank INFORMATION_SCHEMA. Mit einem SELECT-Befehl können gewünschte Daten aufgelistet werden. Mit dem Befehl „SELECT * FROM INFROMATION_SCHEMA.TRIGGERS" werden alle Daten aus der Tabelle ausgegeben.

Folgende Informationen werden dadurch aufgelistet:

- **TRIGGER_CATALOG**: immer auf „def" gesetzt
- **TRIGGER_SCHEMA**: Name der Datenbank, auf der der Trigger definiert ist
- **TRIGGER_NAME**: Name des Triggers
- **EVENT_MANIPULATION**: Auslöser des Triggers (INSERT, UPDATE oder DELETE)
- **EVENT_OBJECT_CATALOG**: immer auf „def" gesetzt
- **EVENT_OBJECT_SCHEMA**: Name der Datenbank vom Trigger
- **EVENT_OBJECT_TABLE**: Name der Tabelle vom Trigger
- **ACTION_ORDER**: stets auf 0 gesetzt
- **ACTION_CONDITION**: stets auf NULL gesetzt
- **ACTION_STATEMENT**: Beinhaltet die SQL-Anweisung aus dem Trigger
- **ACTION_ORIENTATION**: immer auf ROW gesetzt
- **ACTION_TIMING**: Zeitpunkt, wann der Trigger ausgelöst wird (BEFORE oder AFTER)
- **ACTION_REFERENCE_OLD_TABLE**: immer auf NULL gesetzt
- **ACTION_REFERENCE_NEW_TABLE**: immer auf NULL gesetzt
- **ACTION_REFERENCE_OLD_ROW**: immer auf OLD gesetzt
- **ACTION_REFERENCE_NEW_ROW**: immer auf NEW gesetzt
- **CREATED**: immer auf NULL gesetzt
- **SQL_MODE**: SQL-Syntax die vom Server unterstützt wird
- **DEFINER**: Entwickler des Triggers
- **CHARACTER_SET_CLIENT**: Zeichensatz des Triggers
- **COLLATION_CONNECTION**: Sortierfolge der Verbindung
- **DATABASE_COLLATION**: Sortierfolge der Datenbank

3. Praxis

In diesem Kapitel soll der Umgang mit Triggern beschrieben werden. Hier wird der Leser lernen, wie ein Trigger erstellt werden kann, wie es gelöscht werden kann und welchen zusätzlichen Nutzen es bringt. Am Ende dieses Kapitels werden Trigger Beispiele zur Verdeutlichung vorgestellt.

3.1. Trigger erstellen

Trigger sind stets an eine bestimmte Tabelle gebunden. Also kann ein Trigger nur auf Aktionen, die auf der jeweiligen Tabelle ausgeführt werden, reagieren. Ein Trigger wird für jeden einzelnen Datensatz ausgeführt. Werden z.b. fünf Datensätze bearbeitet, wird ein UPDATE-Trigger fünfmal angewendet.

Die allgemeine Syntax um einen Trigger zu erstellen lautet:

```
CREATE TRIGGER „Trigger Name" BEFORE|AFTER
INSERT|UPDATE|DELETE

On „Tabellen Name" FOR EACH ROW

„SQL-Anweisung die ausgeführt werden soll"
```

Abbildung 1 - Syntax zum Erstellen eines Triggers

Der Name des Triggers kann individuell vom Entwickler gewählt sein. Es ist nur wichtig, dass der Trigger Name in der jeweiligen Datenbank eindeutig ist. Durch BEFORE oder AFTER können Trigger in Abhängigkeit der Anforderungen entweder unmittelbar vor oder nach der Nutzung einer Operation aktiviert werden. Daraufhin muss in der Syntax festgelegt werden, bei welcher Operation dieser Trigger angewendet wird. Hierzu bestehen die drei Optionen INSERT, UPDATE oder DELETE. Der Tabellenname gibt an, mit welcher Tabelle der Trigger verknüpft ist. Hinter dem Schlüsselwort FOR EACH folgt eine SQL-Anweisung. Wenn ein Entwickler mehrere SQL-Anweisungen ausführen möchte ist es notwendig in der Syntax die Schlüsselwörter BEGIN und END einzusetzen. Zusätzlich ist es auch notwendig den Delimiters zu ändern. Dieser sogenannte Delimiters ist dazu da, um die Ausführung des Triggers zu beenden. Es wird unmittelbar nach dem Schlüsselwort END mit einem nachfolgenden Semikolon eingesetzt.

3.2. Trigger löschen

In MySQL werden Trigger mit dem Schlüsselwort DROP gelöscht. Um Warnungen bzw. Fehlermeldungen vorzubeugen, welche aufträten, wenn der zu löschende Trigger nichtvorhanden ist, kann zusätzlich der Befehl IF EXITS eingefügt werden. Auch werden Trigger automatisch gelöscht, wenn die verknüpfte Tabelle gelöscht wird. Für Trigger wird kein ALTER-Befehl zur Verfügung gestellt. Um Trigger zu ändern, müssen diese erst gelöscht und dann neu geschrieben werden.

Die allgemeine Syntax um einen Trigger zu löschen lautet:

```
DROP TRIGGER IF EXISTS „Trigger Name";
```

Abbildung 2 - Syntax zum Löschen eines Triggers

3.3. Zusätzliche Möglichkeiten in Triggern

Bei Triggern besteht die Möglichkeit auf die Werte eines Datensatzes zuzugreifen, welches gerade eingefügt, geändert oder gelöscht wird. Dafür gibt es in MySQL die Pseudotabellen NEW und OLD. In der Tabelle NEW werden die Werte, die der Datensatz nach der Durchführung einer Aktion haben wird (beim DELETE-Befehl ist es leer) stehen. Die Tabelle OLD erhält die Werte vor der Durchführung einer Aktion (beim INSERT-Befehl ist es leer).

3.4. Beispiel 1: Zeit beim Ändern einer Tabelle protokollieren.

Sehr oft ist es wichtig, dass Änderungen in Datenbanken festgehalten werden müssen. Dadurch wird das gesamte System übersichtlich und sicher gehalten. In diesem Beispiel wird zunächst geprüft ob der Trigger „change_date" existiert. Falls ja wird es gelöscht. Danach wird der Trigger „change_date" geschrieben. Bevor neue Datensätze in die Tabelle „Mustertabelle" eingetragen werden, wird die Zelle mit der Spalte „insert_date" mit dem Wert des aktuellen Zeitpunkts gefüllt.

```
DROP TRIGGER IF EXISTS `change_date`;

CREATE TRIGGER `change_date`
BEFORE INSERT ON `Mustertabelle`
FOR EACH ROW

    SET NEW.insert_date = now();
```

Abbildung 3 - Beispiel 1 für Trigger: Zeit protokollieren

3.5. Beispiel 2: Änderungshistorie

Mit dem Trigger „get_history" wird in einer Tabelle (table_history) der geänderte Datenbestand der Tabelle (table_current) protokolliert. In der Tabelle „table_history" müssen dieselben Spalten wie in der Tabelle „table_current" abgebildet sein. Zusätzlich benötigt die Tabelle „table_history" die Spalte „change_date", um den Zeitpunkt der Änderung festzuhalten. Damit enthält die Tabelle „table_history" die Daten aus der Tabelle „table_current" vor der Änderung.

```
CREATE TRIGGER get_history
AFTER UPDATE ON table_current
FOR EACH ROW

INSERT INTO table_historyy
        ( ID, column1, column2, change_date)

        VALUES
        (OLD.ID, OLD. column1, OLD. Column2, NOW());
```

Abbildung 4 - Beispiel 2 für Trigger: Änderungshistorie festhalten

4. Fazit

Mit Triggern kann die Integrität von Informationen in Datenbanken sichergestellt werden, deswegen ist die Nutzung sehr nützlich und gewinnbringend. Jedoch können Trigger sehr komplex werden und Abfragen in Datenbanken verlangsamen, da sie direkt an die Datenbank angebunden sind und somit immer durchgeführt werden. Auf der anderen Seite ist die Verwendung von Triggern aber Ressourcen schonender als mehrere SQL-Befehle auszuführen. Im Laufe der Zeit können sich die genutzten Trigger in einer Datenbank anhäufen. Deswegen sollten alle genutzten Trigger in einem System stets dokumentiert werden um mögliche Verwirrungen vorzubeugen.

Anhang

Thema:	Aufbau, Funktion und Definition von Triggern in MYSQL
Studiengang:	Wirtschaftsinformatik
Fach:	Datenbankmanagement
Datum:	10.01.2016

Anhangsverzeichnis

1. Quellenverzeichnis

- Wolfgang. Gassler, Stefan Pröll, Eva Zangerle: MySQL Das Handbuch für Administratoren, Auflage vom: 28.08.2011, S. 513 – 607
- Oracle, MySQL 5.7 Reference Manual,
  URL: http://dev.mysql.com/doc/refman/5.7/en/triggers.html (09.01.2016)

2. Glossar

Datenbank: Eine Datenbank bündelt Daten und Organisiert diese.

Integrität von Daten: Die Integrität von Daten umfasst alle Möglichkeiten, das Daten bei der Nutzung nicht beschädigt oder verändert werden können.

Konsistenz von Daten: Die Konsistenz von Daten bildet in Datenbanksystemen die Korrektheit der Daten im Rahmen einer widerspruchsfreien Abbildung von allen relevanten Daten.

MySQL: Es ist eine Datenbank die weltweit genutzt wird. MySQL verfügt über keine eigene grafische Oberfläche und es wird über die Datenbanksprache SQL angesprochen.

Usability: Usability steht für Benutzerfreundlichkeit von Systemen.